지리산 작은별

지리산 작은별

삶의 여유를 찾아서

펴낸날 초판 1쇄 2020년 12월 5일

지은이 진성호
펴낸이 서용순
펴낸곳 이지출판

출판등록 1997년 9월 10일 제300-2005-156호
주소 03131 서울시 종로구 율곡로6길 36 월드오피스텔 903호
대표전화 02-743-7661 **팩스** 02-743-7621
이메일 easy7661@naver.com
디자인 박성현
인쇄 (주)꽃피는청춘

값 12,000원

ISBN 979-11-5555-147-9 03810

이 도서의 국립중앙도서관 출판시도서목록(CIP)은 e-CIP홈페이지
(http://www.nl.go.kr/ecip)와 국가자료 공동목록시스템
(http://www.nl.go.kr/kolisnet)에서 이용하실 수 있습니다.
(CIP제어번호: CIP2020048710)

호산 진성호 시집

지리산 작은별

삶의 여유를 찾아서

이지출판

추천사

좌절에서 새 희망으로 행복한 삶을 펼치는

叢谷 김 동 석
시조시인

오래만에 고향 같은 삼성 이야기를 하게 되어 얼마나 기쁜지 모르겠습니다.

저는 1973년 삼성산요에 입사하여 1992년 삼성을 그만두고 중소기업 및 중국 텐진에서 사업을 하다가 현재 한국에 머물고 있습니다. 삼성전자와의 인연으로 문학을 공부하게 되었고, 2001년도에 시로 문단에 들어섰습니다.

초일류 기업 삼성전자에서 역량 있는 부장으로 근무하면서 다양한 문학활동과 100대 명산을 섭렵하고 왕성하게 봉사활동을 펼치고 있는 호산 진성호 님의 시집 추천사 부탁을 받고 많은 생각이 떠올랐습니다.

청맥문인회 초대회장1980~1983이란 인연으로 오래전 삼성 문학동호회에서 활동하던 때가 주마등처럼 스쳐지나면서, 동료 후배가 시집을 발행하는 데 반가운 마음으로 추천사를 쓰게 되었습니다.

짧은 지면에 다 표현할 수는 없지만, 호산 진성호 시인을 보면 참으로 열정적으로 살아온 삶의 모습이 선하게 떠오릅니다. 앞만 보고 살아온 모든 사람들의 생이지만 삼성에서 앞만 본다는 것은 특별함이 있습니다. 초일류 기업에서 선두를 지키기에는 피나는 노력 없이는 불가능하다는 생각이 듭니다.

그리고 삼성에서 임원이 된다는 것은 하늘의 별을 따는 것처럼 어려운 일입니다. 임원이 되어 더 큰 일을 해야 하겠지만 나름대로 성취감을 얻고 삼성의 리더로 세계적 기업들과의 경쟁에서 선구자가 되는 것도 또 다른 삶의 행복감을 느낄 수 있을 겁니다.

그런 그가 새로운 인생 방향 설정과 삶의 여유를 찾아 산행을 하고 기행수필집 《산으로 간 남자》를 발행했으며, 스스로 끊임없는 학습을 통해 석사와 박사과정을 마치고 동아리를 만들어 나눔봉사활동을 하고 있는 모습은 일찍이 깨달음의 보배라고 생각합니다.

시집에 담긴 시편들의 제목만 보아도 작가의 마음을 읽을 수 있으며, 특히 시집의 주제인 '지리산 작은별'을 보면 밤하늘의 무수한 별들을 보면서 인생의 배움과 삶의 여유를 가슴으로 느끼고, 수많은 별 중에 한 점 별이라는 것에 깊은 의미를 두고 "흔들리는 나무에서도 꽃이 피는 것처럼 역경이 없는 인생은 없다"는 것을 깨달은 시인은 저보다도 훨씬 인생을 앞서 살고 있다는 생각을 하였습니다.

이건희 회장님이 수많은 업적을 뒤로 한 채 운명하시어 많이 애통합니다. 회장님은 "건강하고 여유로운 삶을 갖는 것이 최고다"라는 유언을 남기셨습니다. 이 시집을 읽는 분들도 김형석 교수의 《백 세를 살아보니》를 읽어 보셨으리라 봅니다. 인생은 60세에서 75세까지가 제일 행복한 시기라고 했습니다. 인생은 긍정적인 마음과 여유를 갖는 일일 것입니다.

시인은 우리나라 100대 명산을 섭렵하고 영산靈山 지리산 천왕봉에서 밤하늘에 흐르는 별을 보며 '지리산 작은 별'이란 삶의 의미를 배웠다고 합니다. '삶의 여유를 찾아서'는 산에 다니면서 내적 세계가 발전하는 과정을 묘사한 시로, 스스로 마음을 내려놓고 베풀기도 하고 소소한 것에서 행복을 느끼며 정신 세계가 발전해 가는 모습을 발견하게 됩니다.

함축적인 시어를 나열하여 소소한 일에서도 삶의 여유를 찾자는 내용에서 진정한 삶의 여유에 대한 생각이 깃들어 있는 시입니다.

또 '사랑하는 사람에게'를 보면 사람이 살면서 제일 가까운 사람은 아내이며 가족입니다. '가화만사성'이란 말처럼 사랑하는 아내의 미소를 보며 설렌다고 하니, 지천명의 나이에도 참으로 낭만적이고 이상적인 삶을 시어로 사랑의 메시지를 보내고 있다고 봅니다.

세 편의 시만 보더라도 살아가는 데 필요한 요건을 다 갖추었고, 시 한 편 한 편을 읽다 보면 메타포Metaphor, 轉移를 느낄 수 있습니다. 시적 은유와 치열한 생활 속에서 묻어난 삶의 진정성이 반영된 시들이라는 생각을 하게 합니다. 또 살아가면서 사람과 자연 속에서 창조적 사고와 긍정적 사고로 화합하고 호흡하는 모습을 보게 될 것입니다.

앞으로 호산 진성호 시인이 독자들에게 많은 호감을 얻는 시인이며 자원봉사자로서 우리 이웃과 함께 삶의 의미를 만들어 가며 아름다운 삶을 살아가는 모습을 자주 보게 될 것 입니다. 경력이나 지식으로 보면 교육자로서도 앞날이 확 트일 거라는 생각이 듭니다. 호산 진성호의 시집 《지리산 작은별》 출간을 진심으로 축하합니다.

2020년 11월

축시

바위에 뿌리를 내린 나무

– 진성호 시집 《지리산 작은별》 상재에 부쳐

청라 성 명 순
시인 · 아동문학가 · 시낭송가

곰소항 지나
푸른 바다 띠를 두른 길을 따라
채석강에 이른다

나무에만 나이테가 있는 게 아니라
일겁一劫에 한 켜씩 쌓았으려니
맨몸을 드러낸 벼랑 바위 나이테

모진 겨울이 없이는
나무에 나이테가 생기지 않듯
하늘이 열리던 날부터 해풍에
켜켜이 쌓인 나이테

바위에는 앙가슴을 비집고
자리 잡은 해송 한 그루
가지 위에 둥지를 튼 작은 새들
오늘도 비바람을 넉넉히 견딘다.

차례

3장 삶의 여유를 찾아서

사랑!

그것은 20대 청춘부터 중년에 이른 지금까지

늘 가슴을 펄떡이게 하고

동경과 갈망의 대상이었다.

때론 이별이라는 아픔을

안겨 주기도 하고

미약한 자신에 대하여

한없는 원망을 하며

밤새 잠 못 이루고

고민을 한 적도 있었다.

그러나 사랑은

지친 영혼을 불러일으키고

두려움을 극복하게 했으며

삶에 희망을 주었고

기쁨으로 다가왔다.

만약 사랑이 없었다면

지금의 내가 있을 수 있었을까?

1장
사랑 그것에 대하여

사랑의 힘(The Power Of Love)

사랑에 대하여 눈을 뜨게 하고 고귀함을 가르쳐 주었고
따뜻한 가슴으로 안아 주신 분들께 감사를 드린다.

사랑의 고백

– 영국 어느 시인

우리에게 충분한 시간이 있다면
당신은 나의 사랑을 거절해도 좋습니다
우리에게 충분한 시간이 있다면
노아 홍수 이전에 사랑을 고백해서
유태인이 개조할 때까지
나의 사랑을 거절해도 좋습니다
우리에게 충분한 시간이 있다면
당신은 인도 갠지스 강가에서 진주를 줍고
나는 영국 도버 해협에서 발을 담그고 앉아
나의 사랑을 받아주지 않는
당신을 원망해도 좋습니다
당신의 아름다운 이마를 생각하는 데 100년
당신의 아름다운 코를 생각하는 데 100년
당신의 아름다운 입술을 생각하는 데 100년
아니 수억 년이 걸려도 좋습니다
하지만 나는 내 뒤를 쫓아오는
시간의 수레바퀴 소리를 듣습니다
자! 이래도 나의 사랑을 거절하시겠습니까.

사랑하는 사람에게

사랑하는 사람을 가슴에 달고
수만 리 지평선 건너에서
애틋함을 파도에 실어 보냅니다

아직은 설익은 정이지만
의도적으로라도 부르고 싶어
나비는 꽃 앞에서 서성거립니다

가까이 있음에 안도하고
우연에 희망을 기대하며
그리움을 바람으로 날려 보냅니다

미소를 보며 하루를 설레며
스쳐 지나가는 당신의 향기를
마음으로 마시며 기다리고 있습니다.

당신이 있는 세상

당신이 있기에 존재 이유를 알았습니다
당신이 있기에 해야 할 일을 찾았습니다
당신이 있기에 행복한 여행을 하였습니다

당신이 있기에 그리워하고
당신이 있기에 마음을 털어놓고
당신이 있기에 술 한 잔을 기울여 봅니다

치악산, 고수교, 계룡산, 소양강
생각하는 사이에 추억은 새록새록
마음은 행복으로 달려갑니다

당신이 있기에 시를 쓸 수 있었습니다
당신이 있기에 먼 곳을 볼 수 있었습니다
당신이 있기에 사는 행복을 찾았습니다

그런 당신을
좋은 인연으로 간직하고 싶습니다
만약 당신이 허락한다면.

그 사람 앞에서

가장 좋아하는 사람의 생일
해마다 찾아오는 그날
그때마다 다짐했건만
오늘도 후회하는 하루를 맞는다

새로운 멋으로 그 사람을
붉은 와인 잔에 담고 싶었다
그러나 마음만 바빴지
빈 잔만 바라보고 있다

그 사람 앞에선
언제나 작아지는 나

늘 미안합니다
하지만 사랑합니다.

내 마음속 공주

소싯적 가슴에 남은 잔상 하나
춤추고 있는 어린 색동저고리
갓 피어난 새싹처럼 참 고왔네

시간이 지나도 잊혀지지 않는 체취 하나
눈가에 아른거리고
다시 보고 싶고 그리워지네

세월이 흘러 쌓인 추억 하나
지금은 어디서 무얼 하고 있는지
마음속 향수가 살아서 숨을 쉬네

텅 빈 허공 속에 그림 하나
모습 그려보려 애를 써보지만
저만치 흘러가는 구름이네

언제 돌아올까 빈 자리 하나
시나브로 생각나는 그 자태
스치고 지나가는 바람인가.

청포도 사랑

오밀조밀 꽉 찬 속이
님의 행실 어찌 닮았는지
그 모습 그립다

귀여운 초록빛 알맹이
한 알 깨물면 상큼달콤
그 향기 녹는다

한 입에 먹기엔 아깝고
보고 있자니 군침이 돌고
어찌할 수 없는
그 마음 알고 싶다

세월이 흘러 달빛에 반해
청아하고 예쁜 속살 드러내는
그 모습 보고 싶다

청포도보다 더 새콤달콤한
내 사랑 그 아름다움
부를 때까지 기다리는 거다.

영원한 사랑

곧게 자란 나무는 기쁨이 있고
날아가는 새는 환희가 있다

새들은 나무와 사랑을 나누고
나무는 대지와 키스를 한다

대지는 하늘과 포옹을 하고
하늘은 모든 이에게 베푼다

이것은 영원한 사랑
절대 변하지 않는 사랑이다.

만남

낭만의 기차여행

추억의 레일바이크

작은 섬

밀려드는 파도에

다가앉는 속삭임

너와 나

우리의 따스한

만남 이야기.

너와 나

나는 너에게로 너는 나에게로
네가 줄 수 있는 모든 것을
나에게 은밀히 전해 주듯
나도 너에게 주고 싶다

가치보다는
정성이 담긴 마음으로
세상에서 가장 소중한 것을
너에게만 주고 싶다

바라는 마음보다
소홀하지 않는 사랑으로
세상에서 그만큼
아름다운 사람으로

나는 너에게 너는 나에게
부족함 없는 온전한 것이 되어
세상 어떤 바람에도 흔들리지 않는
듬직한 나무로 키워 나가고 싶다.

꽃과 나비

바람은 글이 되고
꽃잎은 시가 되어
꽃과 나비를 유혹하고
바람은 다정을 실어온다

꽃이 나비를 불렀으면
꿀을 내놓는 게 순서
꽃과 나비가 원치 않으면
서로 한 몸이 되기는 어렵다

심술궂은 바람이 불어와
꽃을 망치고
나비를 쫓아내는 것은 아니다
사랑하고 아끼는 그 마음일 뿐.

달과 점 하나

한여름 밤
달과 별이 수놓은 세상

푸른 자유
성큼성큼 다가온
별들의 미소

은하수 건너
애정에 밀려온
작은 점 하나

스치면 인연
스며들면 사랑인가

다른 사람에게
열어 주지 않는
달의 가슴을
나에게만 열어 주길 바랬나.

님의 향기

남기고 간 향기는
추억 속으로 흐르고

꿈처럼 잡을 수 없는 마음은
사랑을 시작하려는가

이리 가도 훨훨
저리 가도 훨훨

잡힐 듯 잡을 듯
향기만 남기고
저만치 날아가네.

달의 여인

달의 여인이여
그대의 허리는
버들같이 가늘고
입술에 서린 미소는
붉은 노을 닮아
더욱 아름답구나

매화꽃을 보지 못한 새는
봄날의 아름다움을 모르고
밤하늘 달과 같은
당신 모습 보지 않고
눈물을 흘려서는 안 된다네

지는 저 달을 누가
다시 떠오른다 했는가
호수에 외롭게 비친 달을
내 잔에 담을까 하는데
쏟아지는 것은 별뿐이네.

밤의 천국

휘황찬란한 네온사인
나풀나풀거리는 불나비

밤의 왕자 춤추는 공주
굉음 속에 정신없이
비벼대는 초점 잃은 눈
현란한 몸놀림 무엇을
염원함인가

춤사위도 멈춰 버린 텅 빈 무대 위로
밤의 천국 노래는 흩어지고
꽃나비 한 마리가 가슴에 내려앉는다

축제도 종말을 예고하듯
애틋함과 아쉬움을
마음에 묻은 채
조용한 정적 속으로
환희의 숨결만 메아리친다.

채석강

표주박에 담긴 동동주를
빈 잔에 채워 마시고
달빛에 어린 물결에 노 저어
별빛을 끌고 가노라

채석강에서 광태 부리던 일은
잘한 일이 아니오

긴 머리카락 휘날릴 때
밤바람에 실려오는 향기가
가슴을 서럽게 하는구나.

이별의 슬픔보다 더 깊은 뜻은

한 번 사랑하고
그 사랑이 실패했다고 해서
사랑이 끝나 버린 것은 아니지요
사랑은 오직
사랑만 먹고 자라는
나무와도 같은 것이랍니다

슬픈 로라의 애수를 담아
하늘에 띄워 보낸 편지가
수백 통은 넘을 겁니다
사람으로 태어나서
사랑 한 번 받아보지 못하고 죽는다면
일생이 행복했다고 말할 수 있을까요

끝없이 서로를 이해하려고
노력하는 마음 그 자체가
바로 사랑 아닌가요
이별의 아픔을 통하여 깨달은
참사랑의 깊은 뜻을 담아서
다시 살아갈 희망을 갖겠습니다.

이별가

오늘은
가장 좋아했던 사람과 이별을 해야 한다
그토록 이해하려고 노력했건만
또다시 애수를 담는다
새로운 바람으로
즐거운 추억을 담고 싶었다

하지만 인고의 시간은
서로를 내버려두지 않았다
멍하니 하늘을 바라보지만
눈가에 맺히는 이슬
허전하고 공허함은
도저히 감출 수가 없다

그동안 고마웠습니다
하지만 그리워할 겁니다.

칠월에

벌써 칠월이네요
이미 지나간 시간이지만
남겨 놓은 발자취와
함께 한 추억을 기리며
아쉬워하지 말아요

문득 생각이 나거든
저 달력에 별 하나 달고서
기다리는 연인처럼
설렘으로 하루를 보내 봐요
아직 절반이나 남았네요

시간이 지나도 세월이 흘러도
지나온 추억을 그리며
후회 없는 삶이 되도록
함께 할 여행을 만들어 보아요

우리에게 충분한 시간이 있다면
서로의 향기를 찾아서
수만 리 떨어진 인연의 강을
차근차근 건너보아요.

억새의 노래

모진 비바람 이겨 내고
피워 낸 꽃이여

화려하지 않고
순박하고 단순하지만
풍성한 자태로
연인들의 발길을 잡는구나

가을과 겨울 사이
숨어오는 바람소리에
출렁이는 은빛 물결
하늘하늘 춤추는 모습
마음을
한껏 설레게 하는구나.

침묵의 변

말로 하지 못한 사랑이 있습니다
가식적인 말보다는
침묵하는 마음에
더 큰 사랑이 담겨 있을 수 있습니다

말로는 표현할 수 없는 사랑도 있습니다
몇날 며칠을 가슴앓이 했으면서도
작은 상처라도 주게 될까 봐
사랑한다 말하길 주저할 수 있습니다

말할 수 없는 사랑도 있습니다
사랑한다는 말만이
사랑이라고 단정지어 버린다면
깊은 사랑을 놓칠 수 있습니다

진실을 의심하는 사랑도 있습니다
사랑은 표현하는 것만이 아니라
마음 깊은 곳에 간직하고 있는 것이기도 합니다.

고독

새들 높이 날아
사라져 가고
외로운 구름도 가고 말아
한가롭구나

사방을 둘러보아도
낯선 이방인들뿐
헤맨다고 어디에
내 마음 의지할 곳 있으랴.

사랑의 메커니즘

여자가 바라는 것은
멋있는 남자가 아니라
함께 있고 싶은 사람이다
남자가 바라는 것은
혼자는 외로운 섬이기에
여자의 문을 기다리는 것이다
사랑하는 여자는
본성이 발현되기에
소유하고 싶어한다
사랑하는 남자는
기다릴 것인가 유혹할 것인가
선택을 고민한다
사랑하는 연인들은
사랑할 것인가 이별할 것인가
로프에 매달려 흔들린다
남자는 에로틱한 모습으로
여자는 잠자는 공주처럼
서로 황홀의 세계를 바라고 있다.

사랑의 의미

진주이슬 머금은 장미꽃을
미인이 꺾어 들고
윙크하며 지나가네

집 둘레에 온통
국화꽃을 심어 놓고
창문 열고 기다리네

나비는 향기만으로
그 꽃을 아는 법
이름을 알아서 무엇하랴

꽃이 어떻게 피는지 볼 줄 모르고
꽃 속 사랑의 의미를 알지 못하면
제대로 꽃을 보는 것이 아니라네.

만남과 배려

그대
무척이나 미운 게지요
열 길 물 속은 알아도
한 길 사람 속을 알기 어렵듯
그 속을 어찌 헤아리겠소

그대
뜻대로 움직일 수 없는 나
차라리 두 몸이라면 좋겠소
시공간과 정신이 하나가 될 리 없는데
원망하며 대하는 것이 안타깝소

그대
원하는 대로 하고자 하나
마음에 들지 못하는 것 같아
차라리 그대 안에 앉아
내가 그대이고 싶을 때가 좋겠소.

처음 만났을 때

처음 만났을 때
아무것도 모르는 순둥이
서로 바라만 보고 있네

술이 한 잔 두 잔
취중 용기로 불현듯 일어나
노래와 춤을 추워 보네

옆에 있던 조까치는
오늘도 어김없이
꺾어지는 허스키한 목소리로
한 남자를 사로잡네

아! 나는 왜 안 될까
그냥 무엇이 없는 것 같은
마음을 열어 주고
나는 뭐여, 너는 밴댕이.

욕심 버리기

내 마음이 뒤집어졌나
결혼 전에 언약을 했어야 했는데
보여 주는 의도가 무엇인가요

너무 졸려 눈이 감기는데도
몇 자 적었건만
아니함만 못하였네요

그대에게 비춰진 나
맘에 드는 구석 하나 없는
매력 없는 사람인가요

사랑을 위한 마음이 아니라
그럴 수밖에 없는 심정을
그대는 아는지요

행복에 겨운 그대는
언제든 달릴 준비가 되어 있는 것 같은데
원망을 해도 할 말이 없답니다.

나를 위해서

사랑하는 사람이 있기에
지치고 힘들어도
힘이 나고 기쁨이
솟아나나 봅니다

내가 살아가기 위해서
사랑을 만들었습니다
힘들고 지칠 때
그대 가슴에 묻기로 했습니다

하루가 즐겁고
삶의 희망이 손짓하면서
환한 미소를 짓고 있기에
나를 위해서
사랑을 만들어 가겠습니다.

사랑의 진리

세상에서 가장 아름다운 만남
사랑을 보려면 눈이 필요하고
사랑을 느끼려면 가슴이 있어야 합니다

깊어지면 세상이 더없이 풍족하고
약해지면 한없이 힘든 세상
함께 나누는 것으로 기쁨을 느낄 수 있습니다

어떠한 진리도
사랑 앞에서는
평범한 것이며
어떠한 고난도
사랑 앞에서는
행복으로 대체될 수 있습니다

사랑은 이렇게 전능한 것이며
우리 생활에 꼭 필요한 것입니다
자, 모두 사랑합시다.

첫 월급은 받은 지

30년 세월이 흘렀다.

직장생활이라는 것

살아간다는 것이 그리 쉽지만은 않았다.

어떻게 사는 것이 행복하고

의미 있는 삶인가?

30대 후반부터 많은 생각과

고민을 해 왔다.

정답은 없지만 가슴에 새기고

있는 것이 있다.

MPS

Meaning : 무엇을 하든지 의미를 제대로 새기고

Pleasure : 하기로 한 것은 즐겁고 재미있게 하며

Strength : 그 누구도 따라할 수 없는 자신만의
강점으로 만들어 가치 있는 삶을
살아가 보자

2장

산다는 것은

복잡하고 치열한 경쟁 속에서 의미 있는 삶을 살아가는 것에 대하여
가르침을 주고 용기를 준 친구, 동료, 선배 그리고 함께 고민을 해 온
드림메이커(Dream Maker) 회원님들께 감사드린다.
특히 최정권 교수, 강현숙 선생께 고마움을 전한다.

인생의 치수는 사람마다 다르다

– 여 훈

내 세상이고, 내 인생이다
세상이 만들어 놓은 기준으로 나를 재단하지 마라
인생의 치수는 사람마다 다르다
세상의 기준에 맞추면
결국 돌아오는 것은
채워지지 않는 만족과 상처뿐이다
인생은 공장에서 찍어 내는 공산품이 아니라
각자의 개성이 흠씬 묻어나야 할
세상에 단 하나뿐인 예술품이 되어야 한다
세상의 기준에 따르지 말고 새로운 기준을 만들어라
제아무리 글로벌 스탠더드 시대라도
성공한 인생이란 자기의 인생을 사는 것이다
표준치의 삶이란 애초부터 없다.

사는 게 그렇다

사람 사는 일이 다 그렇다
인생은 뿌리도 꼭지도
들판에 날리는 먼지와도 같다
내 인생인데 나답게 살아야 한다
발버둥치며 살아봐야 거기서 거기다
알량한 능력과 재주도
대자연의 순행 앞에서는 보잘것없다
친구와 그런 줄 알고 살 때가 좋은 때다
넓은 집 좋은 차 다 한때뿐이다
세상과 싸워 봤자 상처만 받고
언제인지 기억도 못하고 살고 있다
결국 잠시 머물다가 공으로 사라져 간다
세상 사는 일이 다 그렇다
어차피 내 맘대로 안 되는 세상
남들과 좀 다르게 살아봐야 한다
그러고 사는 게 잘 사는 것이다
남들도 다 그렇게 살아간다
자기 속 편하고 남 안 울리고 살면
그 사람이 잘 사는 사람이다
세상 사는 일이 다 그렇다.

함께 살아온 시간

적지 않은 세월의 흐름 속에
꿈을 먹고 나래를 펼쳤지만
아름다운 것만은 아니었지요
지쳐가는 당신의 어깨
늘어가는 손마디 주름
살아온 세월의 나이테입니다
이제 돌아볼 시간이 되었습니다
불혹이 훨씬 지난 당신을 보면서
자유롭고 생기발랄한
소녀의 모습을 떠올려 봅니다
다시 청춘으로 돌아갈 순 없지만
그리 살려고 했으면 합니다
인생도 즐겁고
보람찬 계획을 세워 보세요
앞으로 새로운 인생은
행복의 길로 가시기 바랍니다
그러기 위해서는 건강이 중요합니다
건강을 잃으면 모든 것이 헛수고에 불과합니다.

회식 다음날

대체 뭘 위해 그랬나
심한 두통 사이로
성숙해지려는 아우성이 일고 있다
마음을 바로하고
타인의 말에 흔들리지 말자

바위를 뚫는 것은
낙숫물이 아니라 세월의 힘이요
산은 높이 오르는 것이 아니라
깊이 들어가는 이치라는데
세상의 낮은 곳에서
자기 할 일을 발견하는 것
용기는 두려워하지 않는 것이 아니라
두려움을 딛고 일어서라는 것인데

하나의 짐을 벗어 던지고 나면
또 하나의 짐이 나타난다
아무래도 이렇게 살아가는 것이
내 운명인가 보다.

결혼 12주년

강산이 변했네요
하늘 행복 별을 따다가
한아름 안겨 주겠다는
그 언약 잘 지켜지고 있나요

빠른 세월 속에
불혹을 훌쩍 넘어서
삶의 무게로
힘들어하는 당신에게
희망 별 사랑 별을 아직
드리지 못했네요

어둠이 있기에
저 불꽃이 빛나는 것처럼
지금까지 불행한 과거가 있었기에
앞으로의 인생은 더 행복해질 수 있을 겁니다

결혼 12주년을 축하하며
고맙고 사랑합니다.

가장

가장도 가장다워야지
한 집안도 이끌지 못하면서
자기가 가장이네
내 자리네 하고
자신이 없으면
내려놔야지
왜 그 자리에 앉아
마누라와 자식을
고생시키는가.

스승의 날

훌륭한 스승은 제자에게
가야 할 길을 가르쳐 주고
깨우친 제자는 스승에게
가지 못한 길을 보여 준다

스승의 한마디 말씀은
뜻 깊은 지혜를 입어
인생은 여유로워지고
세월이 지나도 바래지 않는다

사람 앞에서 말씀 드릴 때
지혜의 문 열어 주고
배움이 헛되지 아니하였음이
오롯이 진실이었으면 좋겠다

올바른 삶을 살아가는 것을
큰 가르침으로 여미며
스승의 날에 즈음하여
다시 가슴에 새겨 본다.

누구를 위하여 종은 울리는가

지금까지는 남이 시키는
꼭두각시 삶을 살았지만
이제 내 의지대로 살고 싶다
누구를 위하여 종은 울리는가

어느 한 사람 도움 주는 이 없지만
걸림돌은 왜 이렇게 많은지
어떤 이는 좋은 과실을 따는데
누구는 용을 써도 안 되는가

추운 겨울을 홀로 걸어가는 나그네
어깨 위로 눈바람 날리고 있지만
뒤따라오는 다른 이를 위하여
거침없이 깊은 걸음 내딛는다

누구를 위하여 종은 울리는가
다시 일어난 늠름한 모습
종소리에 맞춰 울리는 노래를
그대들은 듣고 있는가.

한순간의 꿈

한바탕 꿈을 꾸었다
돌아볼 수도
만져볼 수도 없지만
겪고 또 겪을지언정
잊고 싶지 않는 세월

인생사 세상사
한순간의 꿈이라 하지만
기나긴 세월을
두려움과 괴로움 다 안고서
후회 없이 살아왔노라.

삶이란

행복의 옛말은 만족
만족을 확대하면 행복이 된다
만족은
지금 이 순간 느끼는 것이지
미래나 과거의 것이 아니다

좁은 인생은 종적 고독
큰 인생은 횡적 행복
쓸쓸하지 않게
부드럽고 따뜻한 마음으로
세상을 향해 걸어가 보는 거다

시간이 지나고 세월이 흘러도
후회하지 않는 삶을 산다는 것은
지나온 추억을 기록으로 남기며
그것을 가치 있게 만들어 가는 것
이것이 바로 인생이요 삶이다.

명주名酒

명주!
그냥 만들어지는 게 아니다
엄선된 최상의 재료
만들어지는 과정의 비법
제조 과정의 깨끗함
명장의 정성과 혼
숙성이란 오랜 세월
이 중에 하나라도 빠지면
명주라 칭하지 못하리.

홍크 투게더 Honk Together

한마음 한뜻으로
서로 격려하며
만남의 띠 형성하여
화합의 날개 펼쳐
소리로 마음을 이어간다

힘찬 날갯짓으로 도약하여
인간 세상 내려다보며
행복, 바람으로
아름다운 비상을 시작한다

밤 하늘 먼 곳을 향하여
흩어졌다 모이고
모였다가 흩어지고
그들만의 언어로 홍크
자연스레 무리를 이룬다

때가 되면 떼를 지어
높이 올라 여행을 떠나며
홍크 투게더
세상을 향해 외치며 날아간다.

일장춘몽

사람은
자신이 하는 일에 대해서
만족을 느끼는 일이 드물다
노여워하고 후회하고
저지르고 나서 반성을 한다

이상이란 대부분
현실에서 이루어지지 않기에
앞에 불행이 닥치면
자신의 불행은 더 커 보인다

한여름 달아오른 햇볕은
쉽게 식지 않지만
불에 달구어진 쇳덩이는
쉽게 식는다

인생 긴 여정을 지나
황혼에 들어서 돌아보면
별 것 없는 역사
일장춘몽一場春夢.

인생 십일조

홀수를 조심하라
삼삼삼 전략을 명심하라
신입사원 때 승부를 걸어라
서른 살 이전에 확실한 애인을 만들어라

월급 받고 위안 삼고 목표를 정해라
신변잡기에 강해져라
확실한 인맥을 구축하라
일년에 세 번은 여행을 떠나라
눈은 멀리 보고 발은 땅에 디뎌라
자신을 믿고 따르라

그런데
여기서 지금 하지 않으면
언제 어디서 할 건데
내가 하지 않으면 누가 할 건데
십일조처럼 매사에 하나씩 하는 거다.

인생에 대한 조언 1

인생은
오르막 내리막이 있다
어느 누가
오르막보다 내리막이
더 힘들다고 했는가

한 걸음 두 걸음 올라와 보니
벅찬 인생 별거 아니더라
오르막길에서
고난의 여정을 얻었다면
이제 내리막을 준비해야 할 때
평탄한 길만 걷는다면
얼마나 지루하겠는가
올라갈 때 흘린 땀은
희망의 꽃으로 피어난다

정상에 서야 얻어지는 것이 아니라
오르막길을 통해
내실이 다져지고
삶의 의지가 만들어지는 것이다.

인생에 대한 조언 2

인생이라는 유람선을 타고 있다면
어떤 여행을 하고 계신가요
북소리를 따라가는 겁니까
아니면 북채를 잡고 계십니까
게으른 사람의 인생 지도에는
쉼표만 있고
가장 불쌍한 사람은
눈은 있으나 비전이 없는 사람
솔직하면 속지는 않습니다
눈앞의 꽃에 현혹되지 않고
욕망 뒤의 함정에 빠지지 않으며
마음을 조절하면 지킬 수 있습니다
직장에서 혜택은 다 누리면서
회사의 미래에는 관심 없는
진드기 같은 사람이 되지 말고
창조적인 생각을 하십시오
회사를 위해 일한다는 생각을 버리고
자신을 위해 일하십시오
그러면 일은 즐거워지고
행복은 저절로 다가올 것입니다.

그래도 좋다

그래도 좋다
이런 걸 받을 수 있어 좋다
내가 네 안에 있음으로 참 좋다
읽어서 좋고 들어서 좋고
그런 친구가 있어 더 좋다

세상은 살 만한 가치가 있다
우리의 미래를 위하여
오늘도 열심히 달려보자

그래도 좋다
모두 함께 외쳐보자
띵호! 띵호!

비움과 채움

가득 찬 항아리에는
나도 채우지 못하고
너도 마찬가지다
봄에 나뭇잎이 돋아나지만
그 나뭇잎이 떨어져야
새로운 잎이 날 수 있다
자신을 합리화시킨 부분에
회의를 느껴야
비로소 깨닫게 된다
하늘을 보라
낮에는 낮대로 밤에는 밤대로
수많은 것을 소유하고 있지만
언제나 텅 비어 있지 않은가
무릇 비어 있는 물동이에
물을 많이 담을 수 있듯이
탈해와 탈태
비우는 것이 채우기 위함이라는 것을
무엇이든 얻는다는 것이
모두 즐거운 것은 아니다
때로는 순수한 비움이
진정한 행복의 가치를 가져온다.

잘 산다는 것은

어떻게 사는 것이 잘 사는 건지
왜 그렇게 살아야 하는지
아직은 모르지만
힘보다는 지혜로 살아가야 하고
뛰어남을 드러내지 않으며
아무리 낮은 사람에게도
세 푼 정도 겸손을 가져야 한다

세상을 살다 보면
보지 못한 것을 믿을 때도 있고
눈으로 보고도 믿지 못하는
어리석음을 범하기 쉽다
첫 단추가 잘못 끼워지면
마지막 단추는 반드시 빗나가는 법
깨달음은 가르쳐 줄 수 있는 게 아니라
스스로 깨달아야 하는 것이다

내면에 숨겨져 있는
진실을 찾아 나서되
명암을 바로 볼 줄 아는
밝은 눈과 맑은 마음을 갖도록 해야 한다.

산이 아름다운 이유

몸이 산보다 깨끗하지 못하고
행동이 산보다 단정하지 못하며
언어가 산보다 신선하지 못하고
마음이 산보다 여유롭지 못하며
향기가 산보다 그윽하지 못하고
이 모두가 부족함에서 왔으니
이제 방황을 뒤로하고
산에서 배우고자 찾아가노라

올라가며 열정의 땀을 태우고
정상에서 아량과 포용을 담고
내려오며 겸손과 여유를 보이니
사람과 사람 산과 사람 사이에 얽힌
탐욕과 이기의 오물은 씻겨 나가고
마음속 깊이 남겨진 순수함으로
삼라만상을 다시 돌아보니
산이 더욱 아름다워 보이노라.

어름골 사과

향기롭고 달콤한
내 고향 어름골 사과
어릴 적 뛰어놀던
그 시골길 따라서
색동저고리 둘러 입고
손 내밀며 인사를 하네

가슴은 봉긋하게 세우고
얼굴엔 홍조를 드리우고
저마다 본 향기를 뿌리며
지나가는 나그네를
살며시 유혹하고 있네
한 입 먹어 볼까.

연꽃

내 안에
오랜 연이 쌓이고
수많은 세월은 못이 되고
너에게 전이되어
연꽃이 되었네

아침에 활짝 피었다가
이내 오므라들고
수없는 반복으로
피운 그 꽃

이제야 알았네
내 안에 커다란 방죽이 있었고
인고의 세월이
연이 된다는 것을

어제 본 연꽃, 참 예쁘더라
오늘 다시 보네
어여쁜 내 꽃
가슴에 핀 꽃이
아름다워라.

산아, 산아

네가 여기 있기에 내가 왔다
세상에서 가장 엄숙한 몸이니
조급하게 오르락내리락하지 말자

산이 있어 내가 가는 것인가
내가 가고 싶어 가는 것인가
번뇌는 비우고 밝은 생각 담아가자

처음엔 가고 싶어 갔지만
지금은 산이 부르고 있으니
넉넉한 마음으로 가 보자

산에서 배운 것을
세상에 보이고
순수하게 살아보자

산아, 산아
고맙다
나도 베풀며 살고 싶다.

그 섬에 또 가고 싶다

빠르게 가는 것이 아니라
비우며 바람 따라 가는 것이다
스릴 넘치는 해안 절벽 타고
천혜의 비경을 보며
고즈넉한 둘만의 시간
무슨 이야기를 할까
시원하고 넓은 바닷가
상상의 나래 펼치며
이곳 저곳 돌아다닌다
무인도에서는
새들이 모여 함께 날아간다
우리도 함께 가야 하지 않을까
저 섬 너머에는 무엇이 있는지
무엇을 보려고 하는지
무엇을 그리워하는지
하늘 보며 생각해 보자
누구랑 여행을 했는지
추억 속에 남을 것이다
함께 한 잊을 수 없는 여행
그 섬에 또 가고 싶다.

길

누군가 첫발을 내딛고
뒤를 따르는 사람이 있으면
길은 만들어진다

그곳이 숲이면
숲길이 되고
연인과 함께 걸으면
연인의 길이 된다

어느 날
좋은 사람들과 만나
마음을 나누며
꿈과 희망을 노래하면
희망의 길, 꿈길이 된다

세상에서
가장 아름다운 길은
혼자 걷는 길이 아니라
사랑하는 사람과 함께 걷는 길이다.

하늘 의자

하늘 의자에 앉아
내려다보는 세상은 어떨까
세상의 불이 꺼지니
비로소 하늘 불을 보게 되는구나

세상의 불빛이
하늘 빛을 시샘하여
이내 시야를 어지럽힌다

눈앞에 보이는
세상의 불빛이 아닌
하늘 빛을 따라가련다.

삼성인의 다짐

– 삼성의 어느 선배

나는 자랑스런
삼성의 명강사
오늘도 신념과 긍지로
교육과 연구에 나선다
언제나 나를 새롭게 하여
한 점 부끄러움 없는
거룩한 진실의 길을 간다
이 길이 고되고 어려워도
내 정성을 다하여
최고 전문가가 될 때까지
미래를 가꾸는 보람에 산다.

내면의 세계

천지는 말 없이도
만물을 길러내니
번뇌가 다 한다고
쉬이 결정짓지 마라

단맛과 쓴맛 다 견디고
저 언덕을 넘어가면
하늘은 개이고
푸른 바람 불어오리니

심지는 곧고 기개는 바르나
마음속의 끈을 끊지 못한다면
그들과 하등 다를 게 없다

이제부터 시작이니
욕망과 아집을 버리고
내면을 채워 나갈지어다.

지리산 작은별

바람 소리 그치고
노래가 흩어진 후에 깨어 보니
달빛만 스며들고
사람은 간 데 없네

누가 보았는가
은하수 흐르는
수많은 별들 중에
이름 없이 서 있는
지리산 작은 별을

높이 날아 오르면서
고개를 돌려보지만
한은 가득한데
살펴줄 사람은 없어라

흔들리는 나무에서도
꽃은 피듯이
무엇이 두려울쏘냐
마음만 있으면
얼마든지 극복할 수 있으니

작은 별은 말한다
집착을 버리고
마음을 비우면
만사가 편해지며
심신을 수양하고
흐름을 거역하지 않으면
삶의 의미를 깨달을 수 있다고

채우기만 하고
비울 줄 모르면
인생이 험난하고 힘겨우니
세상을 바라볼 줄 아는
좋은 눈과 마음을 가지라고

까만 밤하늘 작은 별 하나가
오늘도 세상을 향해
희망의 빛을 보내고 있다.

참 소리

살아 있다는 것은
행동하는 것이며

존재한다는 것은
흔적을 남기는 것이며

멋스럽다는 것은
가치를 올리는 것이며

아름답다는 것은
모든 것을 아우르는 것이다.

참된 삶

참된 삶을 찾는 구도자로서
모든 생명을 존중하고
더불어 사는 삶을 살겠습니다

열정을 다하여 일하며
일관된 마음으로
베푸는 삶을 살겠습니다

배려와 감사하며
주변인과 함께 하는
부끄럽지 않는 삶을 살겠습니다

진실을 말하며
모든 이의 가슴을
따뜻하게 하는 삶을 살겠습니다

마음에 신념으로 새기고
즐겁고 기쁜 뜻으로 행하여
가치 있는 삶을 살겠습니다.

별과 나

이름을 알지 못하지만
올곧은 빛을 내려 주는 별
수차례 별똥 신호를 보내며
순수함을 가슴에 심어 주었다

긍정으로 이끌어 주고
반짝이는 눈망울로
마음을 열어 준 별
이대로 같이 있고 싶다

한결같이 나아가야
그 속을 보여 주듯
서로를 선택하였고
별과 나란히 있는 것만으로
나는 충분히 행복하다.

꿈꾸는 다락방

책은 인생을 달라지게 한다
책은 자아를 성장시키며
삶을 풍요롭게 이끈다

책은 허구와 사실을 보여 준다
책은 다양성을 확장시키며
생각의 깊이를 들이댄다

생각은 말로 표현하고
말은 행동으로 나타나며
행동은 습관을 이끌고
습관은 인격을 물들이며
인격은 운명을 변화시킨다

오늘도 꿈꾸는 다락방에서
책 속의 진실을 찾고
삶의 지혜를 꿰맨다
흐르는 영겁 속에
선인의 마음 들어보려 한다.

새벽 새의 울음

운명의 어두운 빗장을
걷어내노라
아침을 열었다고
말하는 사람이
그 누구였더냐

나는 듣고 있노라
새벽 새의 맑은 울음이
청명한 아침 하늘을 열고
닫힌 귓전으로 밀려오는
시작의 노랫소리를.

마음의 길

우리가 만난 것도 인연인데
요즘 불편한 것 같습니다
욕심이 과해서 그런 건지
소양이 부족해서 그런 건지
잠을 이루지 못합니다

알게 모르게
미운 정 고운 정 들었습니다
처음 인수인계를 받을 때
다들 힘들겠군요, 라는 소리뿐
하지만 잘 할 수 있을 거라고 믿었습니다
생각 있는 사람이
일을 잘 할 수 있으니까요

때론 말할 수 없는 것이 있다고 합니다
말보다는 진심으로 하는 것이겠지요.

꿈은 이루어질까

보잘것없이 초라한
아무도 찾지 않는 작은 섬
검은 고래 한 마리
파도 타고 왔다 갔다
배 하나 채우는 것을
당신은 보아 주시기 바랍니다

아주 작은 배 한 척
큰 대양으로 나가는 길목
하얀 갈매기 한 마리
바람 따라 이리저리
배 하나 가득한 것을
당신은 기대해도 좋습니다.

깨달음

짊어진 입은 무겁기만 하여라
몸과 마음 허물 벗어
기를 열고 정을 다스리는 것은
만물이 그 안에서 이루어지게 함이로다

몸은 티끌이요 마음은 공이라
사고와 속박, 굴레 벗어
수양하고 흐름을 거역하지 않는 것은
마음으로 깨달아 얻을 수 있게 함이로다

얻으려 집착하면 얻을 수 없음이라
사랑과 미움의 관계 넘어
대자연을 벗 삼아 수련을 쌓는 것은
깨달으려 하지 않아도 스스로 깨닫게 함이로다.

마음

마음은 육신의 주인이며 영혼의 안식처
고요하고 맑으면 혜안이 일어나고
어지럽고 현혹되면 심기를 잃게 된다

마음은 무허의 그릇이며 생명
보이지 않으며 만질 수 없고
어려서 빈 마음 성장하며 채워지게 된다

무엇을 비우고 무엇을 벗어나야
추구하고자 하는 것을 담을 수 있고
가슴이 시키는 사명으로 살게 된다

얽히고설킨 굴레를 풀어야
미처 깨닫지 못한 꿈과 무지개를
마음으로나마 하늘에서 보게 된다.

그릇

사람은 다 자기 그릇이 있다
살아가면서 많은 경험
자기 그릇에 맞게 담아야 한다

이것저것 하면서
깊은 깨달음을 느끼는 사람과
그렇지 못한 사람과는 차이가 많다

대리기사 택시기사라고 해서
다 같은 기사가 아니다
항상 어려운 일만 있는 것은 아니다

때로는 누군가 나에게
고맙다고 이야기해 주는 사람도 있고
인생의 큰 지침을 주는 사람도 있다.

기회는 한 번뿐이야

사람이 사람 같지 않다
웬만큼 해서는 만족이 안 되네
태어난 것은 알았는데
어떻게 살아갈지 모르겠네

정말 착하고
정말 진실하고
정말 성실한데
끌려가면 아무것도 안 된다
자리를 뻗으려면
뻗을 자리를 보고 뻗어야지
사람은 누구나 다 생각이 있다

기회는 한 번뿐이야.

겨울 산을 가는 이유

누군가 물었다
겨울에 왜 산에 가는지
산에서 무엇을 얻느냐고
산이 왜 좋으냐고

산은 사람과 같아서
좋은 것에 다른 이유가 없다
사나이의 넓은 가슴 같아서 좋고
여인처럼 아름다운 설화가 있어 좋다

산에 오를 땐 힘들지만
태고의 전설처럼 서 있는 설봉
섬세하게 수놓은 눈꽃
보는 것만으로도 설렘이 있어 좋다.

가로막힌 길

뒤처지지 않으려 달려왔건만
더 이상 갈 수 없고
내려갈 곳밖에 없네
이제껏 살아온 삶이 허탈하다

지천명이란 세월에도
어찌할 수 없는 막다른 길
가도가도 끝이 없는 인생길에
가로막힌 길이 따라붙는다
그래도 저 길을 넘어가야 한다

인생이란
스스로 운명을 개척해 나가는 것이기에
가로막힌 장애 굴하지 않고
미래의 희망을 안고
오늘도 한 걸음 내디뎌본다.

세상에 나갈 때

세상에 나갈 때
혼자 먹을 것만 가지고 가지 마라
물 한 모금, 과일 한 조각, 밥 한 술
술 한 잔 필요한 사람이 있다

그들과 함께 하며
그들과 같이 가라
세상에서 나누어라
그들이 있는 세상에서
한 주머니 더 준비하는 것이
세상을 올바로 살아가는 자세다.

자기 혁신

사람은 그릇의 크기가 있다
그릇에 맞지 않는 것을 담으려 한다면
그릇이 깨지거나 흘러넘쳐
아무것도 남지 않게 된다

자신이 아니면 안 된다는 편협은
정대한 사람도 이기적으로 변하고
자신도 모르는 사이에
똑같은 과오를 되풀이하게 된다

자기 혁신을 하고자 하는 사람은
화려한 꽃과 열매를 탐하지 않고
밀알이 되겠다는 신념이 있어야 한다

성패에 마음 두지 않고
운명을 헤쳐나가는 사람만이
자기 삶을 살았다 할 수 있다.

겨울 뒤에

겨울 뒤에는
반드시 봄 소식이 온다
추위가 강할수록
봄이 멀지 않았음이니

아무리 어려운 역경도
시간이 지나면
끝이 있음이니
잘 견디고
즐기며 살아보라

이 또한 지나가리라.

사막에 피는 꽃

척박한 땅이지만
오늘을 살아야
내일을 기약할 수 있지 않은가

버려진 땅에서도
끈질기게 생명의 끈
놓지 않는 잡초처럼
모래폭풍 속에서도
꽃을 피울 수 있다는
희망을 심고 싶다

무엇이 행복이고
무엇이 불행인지
훗날 판단할 문제다
지금 이 순간은
누가 뭐라 해도
최선을 다할 뿐이다.

변화

모든 공부의 끝은
뿌리가 하나이며
변화가 진전될수록
그 차이가 있을 뿐이다

본래 같은 것이
갈라져 발전해 왔으니
다시 합의 묘수도 있음이다
계속 같은 생각을 고집하니
서로 융합이 안 되며
가치를 못 내는 것이다

변화는 변화로 풀어야
자유자재로
그 경계를 넘나들 수 있다
무엇이 변하게 하는가
기다림의 지혜가 부족하여
지나침으로 간극을 보지 못하는구나.

퇴주잔

이게 뭐니
퇴주잔이잖아
술을 따르려면
한 번에 따라야지
왜 두 번 따르니
잘 따라봐
퇴주는 한 번뿐이야
두 번은 없는 거다.

개밥과 진수성찬

얼마나 배고프면
혓바닥으로 핥아 먹을까
개밥통에서 밥 한술 먹자고
숟가락을 갖다 대는가
황제의 진수성찬
어느 것인들 맛이 없겠는가
임금님 수라상에서
이것 찔끔 저것 찔끔
간 보듯이 밥을 먹어야겠는가
개밥에 숟가락 얹지 말고
진수성찬에 젓가락 깔짝대지 마라.

여유란
생활 속에서 우러나는 멋으로
일은 즐겁게,
삶은 멋지게 사는 것이다.

후회하지 않는 삶을
산다는 것은
세월이 흘러도
시간이 지나도
지나온 추억을 기록으로 남기며
그것을 가치 있게
만들어 가는 것이다.

3장

삶의 여유를 찾아서

지천명을 넘어 인생2막을 준비하면서 늘 생각하고 있는 것은
아름다운 삶을 사는 것이다.
코로나19로 어려운 환경 속에서도 꿈을 잃지 않고
자신의 삶을 아름답게 만들기 위해 여유를 찾아
끊임없이 노력하는 이들과 함께 나누고 싶다.

지나고 보면
아름다웠다 싶었던 것 두 가지

– 홍 영 철

지나고 보면
아름다웠다 싶은 것
두 가지가 있다
하나는 여행이고
다른 하나는 청춘이다
이 둘은 진행 중일 때는
아름다움과 소중함을 잘 느끼지 못한다
하지만 시간이 흐르면
천천히 미소로 바뀌며
재미있는 추억이 된다
고생이 심할수록
이야깃거리는 많아지게 마련이다.

열린 마음으로

하늘을 보아라
그 속에 무엇이 있더냐
오만하지 않으며 광활한 우주의
넓은 아량을 알 수 있을 것 같으냐

바다를 보아라
그 속에 무엇이 있더냐
성내지 않으며 푸른 물결
깊이를 이해할 것 같으냐

열린 마음으로 자신을 보아라
그 안에 무엇이 있더냐
온갖 잡동사니 다 쌓여도
어디 너를 괴롭히더냐

세상 삼라만상 다 가져도
좋다고만 할 수 있더냐
모든 것이 내 것인 양 생각함이
우리 행복이 아니겠느냐.

만나면 좋아요

편안하게 친구라 생각하세요
진솔한 삶의 이야기
내면에 감춰진 속사정
그런 것 나누는 것 좋아요

세심한 배려와 관심
서로가 서로에게
주고받는 사랑이 있기에
좋은 만남이에요

만나면 좋아요
흔들리지 않게 붙잡을 수 있는
친구들이 있다는 것만으로도
마음을 함께 할 공간이에요

개성 있고 가볍지 않은
다양한 친구들
우리가 잊었던 소중한 시간
이제 행복해질 때가 되었어요.

멋진 사람을 위한 발라드

스쳐 지나가는 바람에
무수한 일들이 아른거린다
사막오장 춘화 춘천 가는 기찻길
따스한 봄볕 지평선 위로
모락모락 피어나는 아지랑이
막걸리처럼 살다가
걸레처럼 쓸고 간 자리에
돋아나는 어린 싹을 보았다
모진 한파에 다시는 살지 못할 것 같더니
어느 봄날 눈앞에 서성이는 희미한 소생의 자국
저만치에서 다가오는 희망의 불씨
얼마나 사무친 서러움이었나
힘에 겨워 아스라이 지나온 세월
세상은 용기 있는 자의 것이요
꿈꾸는 자의 것이니
간간이 흘러나오는 발라드에 맞춰
멋진 사람과 춤을 춰 보자.

선인이 된다는 것

선인이 되는 것은 쉽고도 어렵다
즐거워할 수 없을 때 즐거워해야 하고
견딜 수 없을 때 인내할 수 있어야 하고
쉬고 싶을 때 뛰어다니며 일을 해야 하고
말을 하고 싶을 때 침묵을 지켜야 하고
사랑할 수 없는 사람도 안아 주어야 하고

모든 것을 용서할 수 있는 사람 선인
성인이 되고자 노력하는 것은 아니다
그렇다고 부랑자가 되고자 하는 것도 아니다
부랑자가 되지 않겠다는 것은
성인은 못 되더라도 그처럼 흉내는 내보자는 것

자신에게 진실되고 자신을 억제하고
주변을 생각하는 선인이 되고자
소망하는 한 사람 인간입니다.

좋아요

좋아요
말이 씨가 된다는 말이 있잖아요
나빠도 좋다고 말을 해야
좋은 일이 생긴답니다
좋다 좋다
좋은 씨를 뿌려야
좋은 열매가 맺겠지요

정동진 바다
장엄하게 솟아오르던 일출을
기억 창고에서 꺼내어 보고
마음 가득 울려 퍼지는
행복한 노래로
기쁜 날 행복한 날
배려와 동행으로
사랑 가득한 날
참 좋아요.

작은 손 하나

건반 위에 작은 손 하나
모든 것을 다 아우르며
세상을 노래하네

건반 위에 작은 손 하나
세상 모든 이를 위해
오늘도 아름다움을 선사하네

그러나 작은 손 하나로는
나를 어루만져 주지 못하네

작은 손 옆에 또 하나의
작은 손이 있기를 바라며.

텃밭

내 고향 시골집
앞마당 작은 텃밭
볕 드는 아담한 곳에
싹트는 풀내음
봄이 오면
채소 심고 송아지 뛰놀고
여름이면
오이가 주렁주렁
가을엔
노란 호박이 뒹굴고
겨울엔
눈싸움하던 놀이터
내 고향 시골집
꿈이 있는 작은 텃밭
회색도시에 묻혀 살다 보니
소박한 고향이 더욱 그립다.

심연

– 배철연의 〈심연〉에서

기꺼이 인생의 초보자가 되십시오
인생의 소중한 것 모른 채
안개와 같은 명예와 부를 따라
헐떡이며 살았습니다
어느 날 새벽
교도소 창가에 걸린 샛별을 보았습니다
이전엔 본 적이 없는 그 별을
두 눈으로 처음 확인했습니다
왜 이제야 샛별을 발견한 것일까
그것은 마음 깊은 곳 심연.

인생은

인생은
파란 신호등과 빨간 신호등이 있다
달리다가 때론 쉬어 가는 것이기에

인생은
빌딩과 같이 높아야 한다
도전의 가치를 걸어볼 수 있기에

인생은
꿈 그 이상을 그려 나가는 것이다
살아가야 할 존재의 이유가 있기에

인생은
저물어 가는 것이 아니다
여물어 가는 것이기에.

인생 뒤안길에서

오늘 산에 가 보니
산수유 꽃이 이제 늙었습니다
진달래가 피어 젊었더군요
꽃이 스스로 피어나는 것이 아니라
산이 자신의 모습
자신의 인생을 그리고 있었습니다

지금 우리는
자신의 인생을
어떻게 그리고 있을까요
너무 늦기 전에
잘 생각해 보아요
돌아가기에 너무 늦은 때는 없습니다.

인생 품격

망망대해에 떠 있는 한 점
그곳에 홀로 서 있는
나를 돌아보아라

넓은 바다 한가운데
밀려오는 파도소리 들으며
나를 벗어라

갈매기의 여유와 낭만
높이 올라 멀리 보는
인생의 품격을 찾아라.

가을 무렵

외로운 그대 누구인데
여기에 와서 가을을 슬퍼하는가
따뜻한 햇살은 어느덧 지나가고
차가운 기운이 가슴에 내리는데
소년은 큰 꿈을 품었으나
꿈속에 백발이 서러워 울었네

구름은 동녘 하늘에 드리워지고
낡은 발 드리워진 객방은 어두운가
기력은 떨어져 가지만
청천 하늘 높고 넉넉함 만큼
여물어 가는 아름다움도 있으니
내려놓고 여유나 즐겨보세.

인생 예찬

주왕산을 오르내리며
이야기를 나누다 보면
어느새 벗이 되고 이웃이 된다

아름다운 자연 속을 걸으며
숲향기를 맡노라면
마음에 사랑이 찾아온다

주산지 속에 비치는 왕버들
잠시 멈춰 서 있노라면
그 안에 내가 있음이 보인다

자연을 거울삼아 돌아보며
다시 한번 삶에 감사하며
인생의 의미와 가치를 돌아본다.

꼭 생각할 것은

서로 생각해 주는
기다림엔 한계가 있다
너무 오래 기다리게 하면
그것은 진심이 빠져 있는 것

꼭 생각할 것은
즐거운 사람과 어울려야
그 안에 기쁨이 쌓이고
쌓인 것은 연緣이 된다는 것

연緣은 높이 올라 덕德이 되고
덕德은 행복의 자양분이 되어
열매가 맺히고 꽃피는 날
인생의 노래를 부를 수 있다.

꿈이란 무엇입니까

꿈이란 무엇입니까
세상에 많은 사람들이
꿈을 잃고 방황하고 있습니다
꿈이 없어 허탈해하고
꿈이 없어 안절부절못합니다

꿈이란 찾는다고
찾아지는 게 아닙니다
찾아오는 것입니다
언제 어떻게 찾아올지는
누구도 모릅니다

인생 황혼기에
꿈을 찾은 사람도 있습니다
억지로 발버둥치지 마세요
불안해하지도 마세요
언젠가 자연스럽게 찾아올 것입니다.

인생무상

살아가기 백 년도 못 채우고
한세상 머물다 가는 인생이
회오리바람 속에 티끌 같다

무쇠처럼 영원하지 않은데
걱정 속에 파묻혀 살면서
어찌 장수하기를 바라는가

세월은 흐르고 또 흘러서
성현조차 헤아릴 수 없다는데
나이 들어감이 어찌 빠르지 않겠는가

차안此岸을 벗어나 피안彼岸으로 바라보니
세상 사는 즐거움을 너무도
모르고 살았다는 후회뿐이구나.

추억에 대한 답장

이제 제법 요령도 늘고
깊이가 깊어지고 있네요
좋은 경험과 이야기는
추억으로 남는답니다

원주 막걸리를 먹으려면
원주에 가야 하는데
또 치악산 가자는 이야기죠
그대가 따라주는
막걸리 한 사발에
자연을 벗삼아 달이 가듯
마음의 시를 흘려 보냅니다

가야 할 산은 많지만
가고 싶은 산이 있다면
추억을 그리며
언제든 산을 불러주세요.

흐르는 삶만이

– 이 해 인

구름도 흐르고
강물도 흐르고
바람도 흐르고
오늘도
흐르는 것만이
나를 살게 하네
다른 사람이 던지는 칭찬의 말도
이러저런 비난의 말도
이것이 낳은 기쁨과 슬픔도
어서어서 흘러가라
흐르는 세월
흐르는 마음
흐르는 사람들
진정
흐르는 삶만이
나를 길들이네.

삶의 여유를 찾아서

소박한 여유를 지니리라
그냥 지나가는 아쉬움이 되지 않도록
삶의 어느 한 부분을 발견하는 것에
행복으로 만족하리라
하루가 지나면 어제는 잊은 척하는
위선은 품지 않으리라
꿈이 흘러서 어디로 가는지 알 수는 없어도
꿈이 있음에 흐뭇하리라
지친 어깨에 내려앉은 참새를
멍하니 바라볼 수 있는
허수아비도 되어 보리라
바라던 소망이 소스라치며
달아나지 않을까 하는
괜한 두려움도 가져 보리라
어색하지 않은 내일을 위해
어제처럼 뛰면 넘어질까 겁나
오늘은 천천히 걸어 보리라
많고 많은 가식과 허물을
두 손으로 씻어 내리고
소리 없이 웃을 수 있는
참 여유도 가져 보리라.

행복이란

행복이란
의미를 함께 갖는 것이다

행복이란
긴 여정을 같이 가는 것이다

행복이란
주고받으며 나누는 것이다

행복이란
한잔 술에 서로를 담그는 것이다

행복이란
이 모든 것을 가치 있게 만들어 가는 것이다.

골프

작고 동그란 것 하나
길고 가느다란 것 하나
서로 짝을 이루어야
비로소 완전한 것이 된다

하나는 긴 안목으로
멀리 내다보라고
다른 하나는 세상을
둥글게 살라고 한다

세우면 10이 되어
열 고개 훈련 코스가 나타나고
서로 진정한 짝으로 맺어질 때
조화와 균형을 맞추며 멀리 날아간다.

색소폰

인간의 소리를 가장 빼닮은
스물여섯 개의 숨결로
천상의 소리를 뽐내는
너의 이름은 색소폰

자신의 소리를 품고 있으면서도
연주자의 취향에 따라
희로애락을 음미하여
다르게 표현해 주지

같은 곡을 불러도
같은 음을 소리 내도
듣는 이의 마음을 헤아려
다른 울림을 주지

인생은 아름답게
연주는 즐겁게
오늘도 행복한 화음
영원한 사랑이어라.

추억은 남기고

추억은 남기고
흔적은 지워라
추억은 가져가고
여운은 담아라
추억은 언제나
불현듯 찾아오며
꽃반지와 향수를 남긴다

사랑은 추억을 남기고
추억은 향기를 만들며
향기는 사진을 현상하고
사진은 추억을 되살린다

여행은 사진으로 시작되어
감동으로 마무리되며
인생은 살아가면서
추억으로 남기고 싶은 것들이 있다.

당신을 사랑해

마음을 열어 주고
무한 신뢰를 보내 주는
엄마 같은 당신

좋은 말로 조언해 주고
가치 있는 것을 함께 하는
스승 같은 당신

따뜻함을 불어넣어
살며시 들어 주는
애인 같은 당신

실수를 감싸 주고
서로의 다름을 알아 주는
마음 넓은 당신

내가 사는 세상에서
제일 아름다운 당신
사랑합니다.

나도 좋은 사람인가

잘했다는 것은
사랑이 남았다는 것입니다
탓할 필요는 없습니다
사람 하나 믿고 살아왔습니다

우리에게는
서로 밀어주고 받아주는
바다와 같은 선율이 있습니다
그래서 기대 이상을 창조할 수 있습니다

우리의 만남은
인문학적으로 최강의 희곡입니다
멋진 파트너가 되었으면 합니다
나도 좋은 사람인가 봅니다.

띵호

띵호는
우리들의 에너지
똑딱이 카메라 하나로는
모자라게 만드는 띵호
스르르 눈을 감고
춤을 추게 만드는 띵호
띵호는 바람 따라 날아가지만
그런 띵호를 보며
걸음을 멈추는 나
가을만 되면 띵호 앞에선
나도 모르게 바보가 된다

띵호는 모든 사람의 에너지
띵호의 에너지 받으러
오늘도 산에 오른다
띵호는 우리 모두의 에너지
띵호야, 사랑해!

차 한 잔

차 한 잔의 여유는
진정한 삶의
가치를 부른다
우러나야 향이 나듯
생활 속으로 어우러져야
인생도 자연스럽다

차 한 잔이 부른
타인과의 만남
삶의 방향을 선택한다
언제든 어디서든
차 한 잔 들고 있다면
더욱 멋진 삶이 된다.

여행

여행은 자신을 발견하는 여정
진정한 자신은 여행을 통해서 겪는
고난과 어려움의 순간에 드러난다

여행은 나를 만나고 성장시키며
흐르는 물속에서 삶의 이치를 보여 주고
수고한 사람들의 쉼터가 된다

여행은 빠르게 가는 것이 아니라
마음을 비우며 바람 따라 가는 것
누구랑 갔는지는 추억 속에 남을 일이다

삶은 경주가 아니라 함께 걷는 여행길
누군가는 준비하고 누군가는 즐기며
생각은 길을 만들고 길은 사람을 걷게 한다

진실된 삶을 살아온 행복한 발걸음
사계절 함께하는 아름다운 여정은
후회하지 않을 삶의 추억으로 남는다.

지리산 작은별 이야기

40대 후반 한참 힘들고 어려웠던 시기. 임원 진급에서 밀려나고 지나온 시간을 돌아보니, 열심히는 살아왔지만 뭔가 제대로 준비되지 않은 한심함과 미래에 대한 불확실성으로 좌절감을 느끼고 방황하던 시절이 있었다.

가슴이 답답하고 삶의 의지를 상실한 채 수개월을 무기력하게 보내다가, 어느 날 더 이상 이렇게 살면 안 되겠다는 생각이 들어 바로 휴가를 내고 수원 광교산으로 향했다.

정상에서 시내를 굽어보며 많은 생각을 했다. 체력도 부실하여 경기대 입구에서 시루봉 정상까지 무려 다섯 번을 쉬면서 3시간 이상 걸렸다. 안 되겠다 싶어 "산에 다니며 삶에 대한 방향을 깊이 생각하고 체력도 키워 보자"라고 마음먹고 산을 내려왔다.

그 후 주말마다 서울과 수도권에 있는 산을 찾아다녔다. 그러나 산에만 다녔지 뚜렷한 목적과 의미를 찾지 못하여 다시 한 번 스스로 의미를 부여하고 목표를 세웠다.

전국 100대 명산을 찾아다니면서 “앞으로 내가 할 일이 무엇인지 생각해 보고 뭔가 의미 있는 삶을 살아보자”는 계획을 세워 쉬는 날이면 100대 명산을 찾아 나섰다. 산행을 하면서 생각하고 사람들의 이야기를 들으면서 그 중에 의미 있는 것들은 수첩에 적고 사진을 찍어 정리하기 시작했다.

4년 6개월 만에 통영 미륵산을 마지막으로 100대 명산 산행을 완료하였다. 그동안 기록해 둔 수첩이 6권, 사진은 2천여 장이 되었다. 그것을 다시 2년에 걸쳐 정리하여 《산으로 간 남자》라는 책을 냈다. 그러면서 앞으로 살아갈 삶의 의미와 인생의 방향을 확실하게 정립할 수 있었다.

회사에서 진급이 안 되었다고 좌절할 필요도 없고, 퇴직을 한다고 해서 너무 불안해할 이유가 없다는 것을 깨달았다. 지금까지는 내가 하고 싶은 일이 아니라 어쩔 수 없이 선택된 삶을 살아왔다.

이제는 내가 좋아하고 잘 할 수 있는 일, 행복한 일을 찾아서 나만의 사명을 가지고 업業으로 삼아 가슴이 시키는 일, 즉 평생 직업으로 만들어 가며 사는 것이다. 지금까지 배워 온 경험과 학습을 바탕으로 강의 컨설팅, 나눔 봉사활동, 여행을 통한 행복한 삶을 만들어 가는 것이다.

삶의 목표가 정리되니 자연스럽게 도전의식이 살아나고 삶에 활기가 돌아 직장생활이 다시 즐거워졌다.

강의 컨설팅을 위해 대학원 석사, 박사학위를 받고 틈나는 대로 독서토론, 진로 멘토링 등을 준비하고 실천하였다. 그리고 동호회에서 배운 색소폰으로 봉사활동 팀을 만들어 용인, 화성, 평택 등 지역사회를 대상으로 3년째 활동하고 있다. 올해는 코로나19로 모든 봉사활동이 중단되어 아쉽다.

지난 3년간의 봉사활동으로 회사에서 활동우수자상을 받았고, 용인시 우수봉사자로 선정되었으며, 평택시에서는 감사패를 받았다. 참으로 의미 있고 행복한 일이었다.

그리고 홍크여행클럽을 만들어 회사 밖의 사람들과 여행을 통해 함께 소통하면서 새로운 세상을 다시 보며 활력을 느끼고 보람을 찾았다.

100대 명산 중 으뜸인 지리산을 한여름에 야간 산행으로 종주하게 되었는데, 그날 새벽녘 천왕봉에서 쏟아질 듯한 무수한 별들과 은하수 그리고 떨어지는 별똥을 보았다. 그때 가슴에 와 닿은 감동은 이루 말할 수가 없었다.

산을 내려오면서 나도 저 별처럼 세상에 희망을 주는 사람이 되자고 다짐했으며, 지금까지 열심히 배우고 실천하며 살고 있다. 독서토론 학습과 나눔봉사활동, 홍크여행을 통해 인생은 또 다른 삶의 가치와 행복의 의미가 있음을 알았다.

꿈을 이루고자 하는 사람들과 함께 '드림메이커Dream Maker'라는 모임을 만들어 학습과 독서토론, 진로 멘토링을 하면서 인생을 좀 더 멋지고 보람 있게 살아야겠다는 생각을 하게 되었다.

그러려면 마음의 여유가 있어야 하고, 그래야만 먼저 손을 내밀어 다른 사람의 손을 잡아 줄 수 있고, 그 마음으로 물 한 병, 밥 한 술 더 가지고 세상에 나가 필요한 사람들에게 나눠 줄 수 있다는 것을 배웠다.

살아가면서 제일 중요한 것이 마음의 여유라는 사실을 이제 확연히 알 것 같다. 그래서 공자는 나이 마흔을 불혹不惑, 쉰을 지천명知天命이라 했던가. 그동안 앞만 보고 달려온 삶을 반성하게 되었다.

홍크투게더(Honk Together) – 먼 곳을 여행하는 기러기들이 목적지까지 서로 격려하면서 무사히 도착할 수 있도록 소리를 내며 함께 가는 것이라고 한다. 앞으로 인생 2막은 '홍크투게더 정신'으로 살아가고자 한다.

그리고 시와 강의, 오카리나를 엮어서 '홍크인문학팀'을 결성했으며, '홍크투게더 봉사팀', '홍크여행클럽', '필색소폰동호회'를 통해 다양한 사회활동을 경험하며 실천하고 있다. '인생은 즐겁게 연주는 아름답게'는 내가 만든 '필색소폰동호회'의 운영 이념이다.

지난 30여 년간 간간이 써온 시들을 모아서 책으로 엮었다. 30년 넘은 직장생활과 50대 후반에 들어선 길목에서 한 번쯤 삶을 돌아보고 "앞으로 남은 삶을 어떻게 살 것인가, 어떻게 하면 후회하지 않고 행복한 삶을 살 수 있을 것인가"에 대해 생각을 정리해 보고 싶었다. 이 시를 읽고 모두 여유 있고 행복한 삶을 꿈꾸며 이루어 나갔으면 하는 바람은 지리산 작은별의 소망이다.

오늘도 밤하늘 어디에선가 여러분을 바라보고 있을 겁니다.

2020년 11월

호산 **진 성 호**

지리산 작은별

삶의 여유를 찾아서